Bezeichnung der umseitigen Abbildung:

Das Rad des Werdens

Bezeichnung der umseitigen Abbildung:

Sri Yantra
(Das große Yantra)

Bezeichnung der umseitigen Abbildung:

Shrivatsa/Elefant

Bezeichnung der umseitigen Abbildung:

Buddha Amitabha

Bezeichnung der umseitigen Abbildung:

Gras/Medizin/Doppeldorje

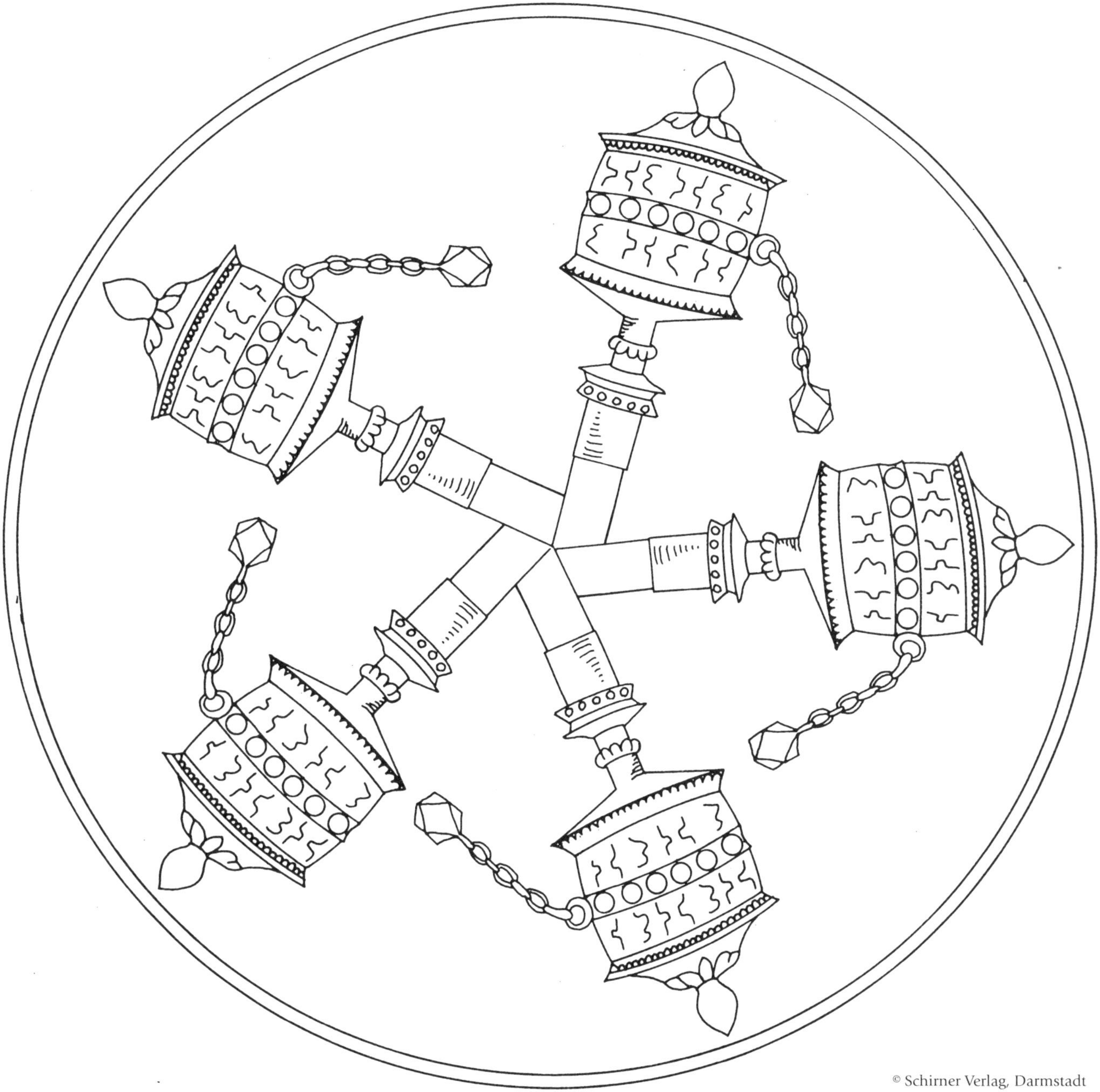

Bezeichnung der umseitigen Abbildung:

Khorten
(Die Gebetsmühle)

Bezeichnung der umseitigen Abbildung:

Vierarmiger Manjushi
(Der Bodhisattva der Weisheit)

Bezeichnung der umseitigen Abbildung:

Der Berg Meru

Bezeichnung der umseitigen Abbildung:

Der Guru Milarepa

Bezeichnung der umseitigen Abbildung:

Das kostbare Pferd

Bezeichnung der umseitigen Abbildung:

Phurba
(Vajrakila, Donnernagel)

Bezeichnung der umseitigen Abbildung:

Sieg

Bezeichnung der umseitigen Abbildung:

Shivatsa
(Der unendliche Knoten)

Bezeichnung der umseitigen Abbildung:

Sankha
(Das Muschelhorn)

Bezeichnung der umseitigen Abbildung:

Das Rad der Lehre

Bezeichnung der umseitigen Abbildung:

Wunscherfüllende Juwelen

Bezeichnung der umseitigen Abbildung:

Dorje & Glocke

Bezeichnung der umseitigen Abbildung:

Doppeldorje/Bilva/Sankha

Bezeichnung der umseitigen Abbildung:

Dharmarad

Bezeichnung der umseitigen Abbildung:

Acht Glückssymbole
(im Uhrzeigersinn: Der Sonnenschirm, Das Rad des Gesetzes, Die Standarte, Die Goldenen Fische, Die Vase, Der Vollkommene Lotos, Das Muschelhorn, Der Endlose Knoten)

Bezeichnung der umseitigen Abbildung:

Om Mani Padme Hum
(ein Mantra; »Juwel in der Lotosblüte«)

Bezeichnung der umseitigen Abbildung:

Opfergaben
(der Spiegel für die Natur des Geistes, die Muschel für die Verkündung der Lehre, die Zimbel für den Klang und die Früchte für den Geschmack)

Bezeichnung der umseitigen Abbildung:

Gekreuzte Juwelen

Bezeichnung der umseitigen Abbildung:

Der kostbare Minister

Bezeichnung der umseitigen Abbildung:

Das Waffenrad

Bezeichnung der umseitigen Abbildung:

Dorje
(Der Donnerkeil)

Bezeichnung der umseitigen Abbildung:

Lotosreigen

Bezeichnung der umseitigen Abbildung:

Die Nationalflagge Tibets

Bezeichnung der umseitigen Abbildung:

Adibuddha Vajrasattva
(»der Herr, der aus sich selbst entstand«)

Bezeichnung der umseitigen Abbildung:

Der Schirm

Bezeichnung der umseitigen Abbildung:

Shambala